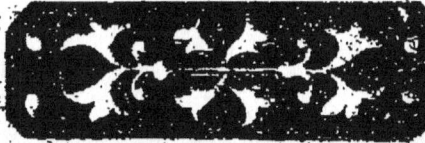

ALPHABET

DES

JEUX DE L'ENFANCE

ET DES

PLAISIRS DU BEL AGE

PARIS
RUEL AINÉ, LIBRAIRE
RUE LARREY, 8

1854

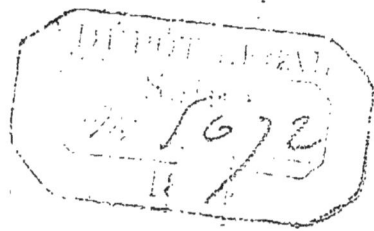

ALPHABET

DES

JEUX DE L'ENFANCE.

LETTRES MAJUSCULES ROMAINES OU DROITES.

A B C D

E F G H

I J K L M

N O P Q

R S T U

V X Y Z

LETTRES MAJUSCULES ITALIQUES OU PENCHÉES.

A B C D E F G
H I J K L M N
O P Q R S T U
V X Y Z

LETTRES MINUSCULES ROMAINES OU DROITES.

a b c d e f g h i
j k l m n o p q r
s t u v x y z

LETTRES MINUSCULES ITALIQUES OU PENCHÉES.

a b c d e f g h i j
k l m n o p q r s t
u v x y z

LETTRES MAJUSCULES ORNÉES.

LETRTES MAJUSCULES OMBRÉES.

A B C D E F G H I J K L M
N O P Q R S T U V X Y Z

— 7 —

LETTRES MAJUSCULES GOTHIQUES ALLEMANDES.

A	B	C	D	E	F	G	H	I
𝕬	𝕭	𝕮	𝕯	𝕰	𝕱	𝕲	𝕳	𝕴

J	K	L	M	N	O	P	Q
𝕵	𝕶	𝕷	𝕸	𝕹	𝕺	𝕻	𝕼

R	S	T	U	V	W	X	Y	Z
𝕽	𝕾	𝕿	𝖀	𝖁	𝖂	𝖃	𝖄	𝖅

LETTRES MINUSCULES GOTHIQUES ALLEMANDES.

a b c d e f g h i j k l m

n o p q r s t u v w x y z

LETTRES MAJUSCULES ET MINUSCULES D'ÉCRITURE RONDE.

Aa Bb Cc Dd Ee Ff Gg Hh
Ii Jj Kk Ll Mm Nn Oo Pp
Qq Rr Ss Tt Uu Vv Xx Yy Zz

LETTRES MAJUSCULES D'ÉCRITURE ANGLAISE.

A B C D E F G H
I J K L M N O P Q
R S T U V X Y Z

LETTRES MINUSCULES D'ÉCRITURE ANGLAISE.

a b c d e f g h i j k l m
n o p q r s t u v x y z

PONCTUATIONS.

Apostrophe (')
Trait d'union (-)
Guillemets (« «)
Parenthèses ()
Virgule (,)
Point et Virgule (;)
Deux-Points (:)
Point (.)
Point d'interrogation (?)
Point d'exclamation (!)

LETTRES MAJUSCULES DOUBLES.

Æ OE W

LETTRES MINUSCULES DOUBLES OU TRIPLES.

æ œ w fi ff fl ffi ffl

LETTRES ACCENTUÉES.

â ê î ô û (circonflexes).
é (aigu).
à è ù (graves).
ë ï ü (trémas).
ç (cédille).

VOYELLES.

a e i ou y o u.

CONSONNES.

b c d f g h j k l m n p q r s t v w x z.

CHIFFRES ARABES.

1. 2. 3. 4. 5. 6. 7. 8. 9. 0.

CHIFFRES ROMAINS.

I. II. III. IV. V. VI. VII. VIII. IX. X. L. C. D.

SYLLABES DE DEUX LETTRES COMMENÇANT PAR UNE CONSONNE.

ba	be	bi	bo	bu
ca	ce	ci	co	cu
da	de	di	do	du
fa	fe	fi	fo	fu
ga	ge	gi	go	gu
ha	he	hi	ho	hu
ja	je	ji	jo	ju
ka	ke	ki	ko	ku
la	le	li	lo	lu

ma	me	mi	mo	mu
na	ne	ni	no	nu
pa	pe	pi	po	pu
ra	re	ri	ro	ru
sa	se	si	so	su
ta	te	ti	to	tu
va	ve	vi	vo	vu
xa	xe	xi	xo	xu
za	ze	zi	zo	zu

SYLLABES DE DEUX LETTRES COMMENÇANT PAR UNE VOYELLE.

ab	eb	ib	ob	ub
ac	ec	ic	oc	uc
ad	ed	id	od	ud
af	ef	if	of	uf
ag	eg	ig	og	ug
ah	eh	ih	oh	uh
ak	ek	ik	ok	uk
al	el	il	ol	ul
am	em	im	om	um

an	en	in	on	un
ap	ep	ip	op	up
aq	eq	iq	oq	uq
ar	er	ir	or	ur
as	es	is	os	us
at	et	it	ot	ut
av	ev	iv	ov	uv
ax	ex	ix	ox	ux
az	ez	iz	oz	uz

SYLLABES DE TROIS LETTRES COMMENÇANT PAR UNE CONSONNE.

bla	ble	bli	blo	blu
bra	bre	bri	bro	bru
cha	che	chi	cho	chu
cla	cle	cli	clo	clu
cra	cre	cri	cro	cru
dra	dre	dri	dro	dru
fla	fle	fli	flo	flu
gla	gle	gli	glo	glu
gra	gre	gri	gro	gru
pha	phe	phi	pho	phu
pla	ple	pli	plo	plu

qua	que	qui	quo	quu
spa	spe	spi	spo	spu
sta	ste	sti	sto	stu
tra	tre	tri	tro	tru
tla	tle	tli	tlo	tlu
tra	tre	tri	tro	tru
vra	vre	vri	vro	vru

MOTS A ÉPELER N'AYANT QU'UNE SYLLABE OU UN SEUL SON.

air	io	rat
an	jonc	riz
art	jour	rond

bal	juin	roue
bon	knout	rue
bord	lard	sel
char	lin	sol
cher	main	son
cor	mars	ton
cri	mer	tort
dieu	mont	trou
don	non	turc
dur	nord	un
eau	nul	ver
flot	pli	vil
fort	poil	vol

four	pont	xul
gain	quai	yacht
gaz	quand	york
haie	queue	zain
hors		

MOTS A ÉPELER COMPOSÉS DE DEUX SYLLABES OU DEUX SONS.

al ler	ker mès
am bre	la bour
â ne	li mer
ar gent	mai son
bar deau	an vet
bou din	ni veau

bour don	o bus
ca nif	oi son
châ teau	pan tin
da mas	ques teur
dor meur	ra bat
é cart	sa lon
en fant	ta lon
fa çon	ta ble
fu reur	ton du
gâ teau	u ni
gi let	vac cin
ha meau	ver tu
hon neur	xan thus

i ci   yuc cas
ja bot   zam bre
jeu ner   zé nith

MOTS A ÉPELER COMPOSÉS DE TROIS SYLLABES OU TROIS SONS.

a	vo	cat	ir	ri	tant
bou	lan	ger	jam	bon	neau
bû	che	rôn	ki	ni	ne
car	na	cier	lâ	che	té
ca	va	lier	li	ma	çon
char	la	tan	mé	dail	lon
cho	co	lat	mir	li	ton
con	ti	nent	na	tu	rel
é	pe	ron	o	ran	ger
é	ta	pier	po	ti	ron

é	tran	ger	quan	ti	té
fa	cul	té	rai	son	neur
fa	go	ter	san	son	net
fa	ti	gant	tam	bou	rin
ga	lon	ner	tur	bu	lent
ga	lo	per	ul	cé	ré
gi	bou	lée	va	ni	té
ha	le	tant	vo	lon	té
ha	ran	guer	xan	no	tier
his	to	rien	y	pré	au
in	ven	teur	zé	la	teur

MOTS A ÉPELER COMPOSÉS DE QUATRE SYLLABES OU QUATRE SONS.

a	droi	te	ment	mé	lan	co	lie
bom	bar	de	ment	né	ces	si	té
car	ton	ne	rie	or	tho	gra	phie
dé	ter	mi	né	pu	bli	que	ment

é	la	ga	ge	qua	dru	pè	de
fa	bri	ca	teur	rai	son	ne	ment
go	gue	nar	der	sa	ti	na	ge
hau	tai	ne	ment	ta	ris	se	ment
ir	ri	ta	ble	u	na	ni	me
jar	di	na	ge	vo	lon	tai	re
ki	lo	go	ne	xé	no	ma	ne
li	si	ble	ment	zi	mo	lo	gie

MOTS A ÉPELER COMPOSÉS DE CINQ SYLLABES OU CINQ SONS.

ad	mi	ra	ble	ment
bu	reau	cra	ti	que
ca	pil	la	ri	té
dé	bi	li	ta	teur
é	pi	dé	mi	que
frau	du	leu	se	ment
go	be	let	te	rie

hé	ro	ï	que	ment
in	hu	mai	ne	ment
ja	cu	la	toi	re
la	co	ni	que	ment
mé	tho	di	que	ment
na	tu	rel	le	ment
o	ri	gi	nai	re
pro	di	ga	li	té
qua	dri	la	tè	re
ré	so	lu	ti	on
sou	ve	rai	ne	té
trans	ver	sa	le	ment
u	na	ni	me	ment
vé	né	ra	ble	ment
yp	si	le	ï	de
z	mo	si	mè	tre

MOTS A ÉPELER COMPOSÉS DE SIX SYLLABES OU SIX SONS.

a	bo	mi	na	ti	on
bo	ta	no	lo	gi	que
con	gé	mi	na	ti	on
ec	clé	si	as	ti	que
gé	o	mé	tri	que	ment
hen	dé	ca	syl	la	be
im	pé	tu	o	si	té
jus	ti	fi	ca	ti	on
lex	i	co	gra	phi	que
mor	ti	fi	ca	ti	on
no	mi	na	ti	ve	ment
o	ri	gi	nai	re	ment
per	fec	ti	bi	li	té
qua	li	fi	ca	ti	on

re	com	man	da	ti	on
spi	ri	tu	a	li	ser
tech	no	lo	gi	que	ment
u	ni	ver	sa	li	té
vul	ga	ri	sa	ti	on
zo	o	phy	to	lo	gie

PHRASES A ÉPELER DIVISÉES PAR SYLLABES.

Ma-man est bien bon-ne.

Pa-pa est con-tent de moi.

Je veux ê-tre bien sa-ge.

J'i-rai me pro-me-ner si j'ap-prends bien ma le-çon.

On doit tou-jours a-voir pi-ti-é des mal-heu-reux.

Les en-fants o-bé-is-sants sont ai-més de tout le mon-de.

Mé-con-ten-ter ses pa-rents, c'est of-fen-ser Dieu, qui pu-nit les mé-chants et qui ré-com-pen-se les bons.

Fai-re l'au-mô-ne aux pau-vres, c'est se ren-dre a-gré-a-ble à Dieu.

Les i-gno-rants sont mé-pri-sés de tout le mon-de.

Ne fai-tes ja-mais aux au-tres ce que vous ne vou-dri-ez pas qu'on vous fît.

Le tra-vail est le pè-re du bon-heur; Dieu don-ne tout à ceux qui s'oc-cu-pent.

Les ver-tus des en-fants ho-no-rent tou-jours leurs pa-rents.

Il faut ai-mer à o-bé-ir pour pou-voir com-man-der sa-ge-ment aux au-tres.

Les sots ne trou-vent bien que ce qu'ils font eux-mê-mes,

Le vrai mé-ri-te n'a rien qui lui res-semble moins que l'or-gueil.

Le temps é-tant le bien le plus pré-ci-eux, la per-te du temps est la plus gran-de des pro-di-ga-li-tés. Le temps per-du ne se re-trou-ve ja-mais.

Rien n'est si beau que la vé-ri-té; rien n'est si hi-deux que le men-son-ge. Ce-lui qui a men-ti u-ne fois court ris-que de n'ê-tre pas cru quand il dit la vé-ri-té.

Ai-mer Dieu, le re-mer-cier de ses bienfaits est le pre-mier de-voir des en-fants.

Dieu a cré-é tout ce qui ex-is-te sur la ter-re et dans le ciel.

PHRASES A LIRE.

Le globe que nous habitons se compose de quatre corps principaux, qui sont : la terre, l'air, l'eau et le feu.

On croyait autrefois que ces corps étaient des éléments; mais les progrès de la science ont fait reconnaître qu'ils sont des corps composés.

Ces corps sont tous indispensables à la vie des hommes, des animaux et des plantes.

La terre a neuf mille lieues de tour. On la divise en cinq parties, qui sont l'Europe, l'Asie, l'Afrique, l'Amérique et l'Océanie.

La France est située en Europe.

On ne connaissait autrefois que trois de ces cinq parties, savoir : l'Europe, l'Asie et l'Afrique.

L'Amérique fut découverte par Christophe Colomb, en 1492. — Les différentes parties de l'Océanie ont été découvertes par divers navigateurs.

L'année se divise en mois; les mois se divisent en semaines; les semaines se divisent en jours; les jours se divisent en heures; les heures se divisent en minutes; les minutes se divisent en secondes.

L'année se divise aussi en quatre saisons, qui sont : le printemps, l'été, l'automne et l'hiver.

Dieu a créé l'homme à son image. L'homme est la plus parfaite des créatures que Dieu a mises sur la terre.

L'homme est doué de cinq sens qui lui

permettent de percevoir, de sentir et de juger tout ce qui l'entoure.

Ces cinq sens sont : la vue, l'ouïe, l'odorat, le goûter et le toucher.

On voit avec les yeux; on entend par les oreilles; on goûte avec la langue et le palais; on flaire les odeurs avec le nez; on touche avec tout le corps, et particulièrement avec les mains.

La plupart des animaux sont également doués de cinq sens; mais ils n'ont pas, comme les hommes, la connaissance du bien et du mal; ils ne sont doués ni de la raison, ni de la parole.

Dieu a permis à l'homme de se nourrir de toutes les plantes et de tous les animaux qui peuvent servir à sa subsistance, mais à la condition de n'en pas abuser.

Il est donc très-mal de faire souffrir les

animaux sans nécessité; c'est offenser Dieu et faire preuve d'un mauvais cœur.

Il est également très-mal de manger plus qu'on n'en a besoin. La gourmandise est à la fois un péché capital et le plus dégoûtant de tous les vices.

Les anciens croyaient que la terre était plate, et que le soleil tournait autour d'elle; mais on sait aujourd'hui que la terre est ronde, et qu'elle tourne autour du soleil.

C'est le soleil qui éclaire et vivifie le monde entier. Sans le soleil, la terre serait inhabitable.

Les Français sont spirituels, actifs, vaillants, gais, hospitaliers; ils ont l'imagination ardente; ils cultivent avec succès les arts et les sciences; mais ils sont légers, et ils aiment trop les nouveautés et les modes.

Les Anglais sont bien faits, spirituels, habiles navigateurs ; ils ont l'imagination vive pour l'invention : la haute classe est honnête et généreuse; la basse classe est excessivement grossière.

Les Suédois sont polis, généreux, laborieux; ils aiment les sciences et les voyages.

Les Danois sont affables, laborieux, durs à la fatigue, bons soldats; ils cultivent avec succès les sciences et les arts.

Les Russes sont hauts de taille; leur intelligence est très-bornée ; les sciences et les arts, importés chez eux par des étrangers, n'y font que des progrès très-lents.

Les Polonais sont belliqueux, hospitaliers, robustes; l'amour de la patrie est leur passion dominante.

Les Lapons sont petits, laids, souffreteux, d'une intelligence bornée; ils habitent dans des cabanes, et ne diffèrent guère des sauvages.

Les Prussiens sont forts, courageux, bons soldats, constants dans leurs entreprises.

Les Allemands en général se distinguent par une grande naïveté; ils sont en général forts, bien faits, courageux, mais peu sobres.

Les Belges ont l'esprit lent, mais ils se distinguent par leur bon sens; ils sont d'une propreté extrême, d'un caractère triste et d'un commerce peu agréable.

Les Suisses sont robustes, fidèles à leurs promesses, naïfs, de mœurs simples, et très-attachés à leur patrie.

Les Espagnols sont sobres, patients, spirituels, fiers, vindicatifs et paresseux.

Les Portugais sont généreux, civils, graves et très-vindicatifs.

Les Italiens sont spirituels, enjoués, bruyants, très-aptes aux beaux-arts; jaloux et vindicatifs.

Les Turcs sont sobres, polis entre eux, mais fiers et arrogants envers les étrangers. Ils sont peu aptes aux sciences, aux arts, à l'industrie, et leur paresse est extrême.

Les Grecs, autrefois si instruits, sont aujourd'hui un peuple presque à l'état de barbarie; ils sont braves, enjoués et fort ignorants.

Les Arabes ont le teint basané; ils sont d'une haute stature, forts, capables de supporter les plus grandes fatigues, et extrêmement sobres : ceux des villes sont plus ou moins civilisés; mais ceux des campagnes, appelés Bédouins, sont presque sauvages et d'une grande férocité.

Les Perses sont de haute taille, spirituels;

ils aiment le faste le luxe; ils sont fourbes, menteurs et féroces.

Les Indous ont le teint basané comme les Arabes; ils sont doux, hospitaliers, très-sobres, mais d'une paresse excessive et d'une grande pusillanimité.

Les Birmans sont intelligents, généreux, fort attachés à leurs anciens usages, et peu aptes à la culture des sciences et des arts.

Les Chinois ont le visage large, les oreilles grandes, les yeux petits, le nez court, le teint olivâtre; ils sont bons cultivateurs, très-respectueux envers leurs ancêtres ; mais ils sont stationnaires et ennemis de tout progrès.

Les Tartares sont forts, robustes, mais peu civilisés; ils se nourrissent presque exclusivement de chair de cheval, et ils n'ont presque aucune idée de Dieu.

Les Égyptiens sont paresseux, voleurs,

traîtres, marins passables, mauvais soldats.

Les Japonais sont grands et mal faits; ils ont le teint olivâtre, les yeux petits; ils sont spirituels et très-adroits.

Les Nubiens sont à peine civilisés; ils sont forts, robustes, mais ignorants, voleurs et féroces. Ils ne connaissent d'autre loi que celle du plus fort.

Les Abyssiniens sont grands et forts, presque sauvages; ils habitent des huttes ou vivent sous des tentes; ils vivent de chair crue et sont très-féroces.

Les Cafres sont des sauvages, noirs, grossiers, vivant de la pêche et de la chasse, et n'ayant presque de l'homme que les formes et la parole.

Les habitants de la haute et de la basse Guinée sont féroces, voleurs, superstitieux, ivrognes et d'une paresse inouïe.

Les Sénégambiens sont nègres et presque

sauvages; ils sont gais, spirituels et capables d'acquérir des connaissances, s'ils étaient moins paresseux; ils ne font aucune provision, et la plupart d'entre eux vivent de chair humaine.

Les Marocains se divisent en deux peuples distincts : les Maures et les Bérébères.

Les Maures sont grands, rusés, voleurs; les Bérébères sont féroces et doués d'une force physique extraordinaire.

Les Algériens sont bien faits, robustes, fiers, avares et voleurs; ils sont sans industrie, et avant la conquête que nous avons faite de leur pays, ils ne vivaient que de rapines.

Les Tunisiens sont passablement civilisés, mais leur paresse incurable s'oppose à ce qu'ils fassent le moindre progrès dans les sciences et dans les arts.

Les Tripolitains ressemblent aux Algériens, et ils sont aussi robustes que ces derniers, quoique plus petits.

Les habitants du Soudan sont de très-beaux nègres, sans aucune civilisation; leur manière de vivre est presque celle des brutes.

Les Iroquois, les Hurons et tous les indigènes des contrées septentrionales de l'Amérique sont forts, intrépides, grands chasseurs et ennemis de toute civilisation.

Les Mexicains sont adroits, doux, peu courageux et peu amis du travail.

Les Orénoques ou habitants de la Colombie, qui n'ont pu être civilisés, vivent en peuplades; ils sont superstitieux et cruels.

Les Brésiliens qui n'ont pu être amenés à la civilisation sont d'une férocité extrême; ils se nourrissent de chair humaine.

Les habitants de l'intérieur de la Guiane sont sauvages et vindicatifs.

Les Péruviens sont forts et peu braves.

Les Patagons sont grands, forts, très-laids et stupides.

Les Malais sont lâches, voleurs et cruels.

Les Javanais sont petits, doux, paisibles et très-timides.

La plupart des habitants de la Nouvelle-Hollande et des îles de la Polynésie sont noirs ou cuivrés : ils sont encore à l'état sauvage, mais ils paraissent très-susceptibles de civilisation.

ARC.

L'arc est l'arme la plus ancienne dont se servaient les hommes avant la découverte de la poudre. Cette arme, dont les enfants aujourd'hui se font un jouet, était terrible dans des mains exercées.

Guillaume Tell était un des plus habiles tireurs d'arc de son temps. Tell, ayant eu le malheur de déplaire au farouche Gesler, tyran d'Uri, ce dernier fit comparaître devant lui l'habile archer, qui se présenta accompagné de son fils, âgé de dix ans.

— Tends ton arc, lui dit Gesler. On va placer ton fils devant toi, à une distance de cent pas; une pomme sera posée sur sa tête : si ta main enlève avec le trait la pomme, je te fais grâce ; si tu manques le but, je te fais mettre à mort.

Guillaume répond qu'il aime mieux mourir que de risquer de devenir l'assassin de son fils; mais l'enfant le supplie de se soumettre, et il va résolûment se placer, à la distance voulue. La pomme est posée sur sa tête. Guillaume invoque Dieu, puis il lance la flèche, qui siffle dans l'air et va enlever la pomme.

— Pourquoi, dit alors Gesler, avais-tu préparé deux flèches?

— C'est que j'avais résolu de te tuer avec la seconde, répondit Guillaume Tell, si la première eût atteint mon fils.

BILBOQUET.

Le jeu du bilboquet fut inventé en France, sous le règne de Henri III, en 1580. Ce jeu, qui demande une certaine dextérité, eut, à cette époque, une grande vogue; il n'était pas un seigneur qui n'eût un bilboquet dans sa poche. A la promenade, dans les salons, on ne voyait que bilboquets aux mains de tout le monde.

Henri III lui-même fut, pendant longtemps, épris de cet exercice ; il y passait des jours entiers, ce qui était certainement peu digne d'un roi.

— Mon fils, lui disait Catherine de Médicis, sa mère, j'ai grand'peur qu'à ce jeu vous ne perdiez votre royaume.

Le roi, qui était en ce moment près d'une des fenêtres de sa chambre, au Louvre, l'ouvrit et jeta avec tant de violence le bilboquet d'or massif qu'il tenait, que ce riche jouet alla tomber dans la rivière. Un batelier qui se trouvait près de là plongea aussitôt, repêcha le bilboquet et le rapporta au roi ; mais Henri voulut qu'il le gardât, afin, dit-il en riant, de prouver à madame sa mère qu'un bilboquet était bon à quelque chose.

CORDE.

La danse à la corde est un des jeux qui plaisent le plus aux enfants. Il est bon cependant de ne pas se livrer à ce jeu avec trop d'ardeur, surtout lorsqu'il fait chaud.

Un jour que le petit Victor Darmilly était tout ruisselant de sueur, il alla, pour se reposer, s'étendre sur l'herbe d'une pelouse, à l'ombre de grands marronniers. En vain sa bonne voulut-elle lui faire quitter cette place, et lui représenta que, dans l'état où il était, la fraîcheur pouvait le rendre malade. Il n'en voulut rien croire; mais bientôt il ressentit un violent mal de tête et il commença à trembler comme si on l'eût mis dans un bain glacé. Il fallut le porter dans son lit et appeler le médecin. Ce dernier reconnut que le pauvre enfant était atteint d'une fluxion de poitrine, maladie très-dangereuse et souvent mortelle.

Qu'on juge du désespoir des parents et du regret qu'éprouva Victor de n'avoir pas voulu se rendre aux observations de sa bonne!

Victor n'en mourut pas, mais il fut longtemps dans un état désespéré : il s'écoula deux mois avant qu'il pût quitter le lit, et quand enfin il fut assez fort pour se lever, les vacances étaient passées.

Il est toujours dangereux pour les enfants de ne pas suivre les avis des personnes chargées de veiller sur eux.

DANSE.

La danse est un des plus charmants exercices auxquels on puisse se livrer. C'était autrefois un art véritable, dans lequel les Français n'avaient pas de rivaux; aussi les maîtres de danse de notre pays étaient-ils et sont-ils encore aujourd'hui parfaitement accueillis chez les peuples étrangers.

Le fameux danseur Vestris, donnant un jour une leçon de son art à une archiduchesse d'Autriche, et ne pouvant lui faire tenir les pieds convenablement en dehors, lui dit très-sérieusement :

Madame, si Votre Altesse Impériale persiste à se tenir les pieds en dedans, je suis un homme perdu.

La princesse se prit à rire ; mais le maître de danse ne riait pas et il reprit :

— Madame, que Votre Altesse Impériale danse bien ou mal, on l'admirera toujours ; mais en dansant mal, elle me perdra de réputation, mes élèves me quitteront. Or, toute la fortune de mes enfants est dans les jambes de leur père.

L'archiduchesse, qui était bonne, ne rit plus ; elle sentit que le professeur avait raison, et elle devint la meilleure danseuse de la cour.

— Jamais, disait-elle, je n'aurais cru qu'un maître de danse pût être si éloquent ; quelques paroles du mien m'ont fait faire plus de progrès que n'avaient fait toutes ses démonstrations.

ÉCOLE.

— Jouons au maître d'école, disait un jour de congé le petit Charles à ses camarades; c'est moi qui serai le maître.

— Et si tu es le maître, que feras-tu? demanda Hector.

— Je prendrai les verges, et si l'on n'est pas sage, si l'on n'est pas obéissant... pan! pan!

— Oh! mais alors, dit un autre, nous ne jouerons plus avec toi.

— Moi, reprit Hector, si j'étais le maître, je dirais : Mes enfants, si vous êtes bien sages, je vous conterai une belle histoire; si vous ne l'êtes pas, je ne vous conterai rien du tout, et je ne jouerai plus avec vous.

— Ah! c'est cela! c'est cela! s'écrièrent les autres enfants... Voyez-vous ce méchant Charles, qui ne songe qu'à prendre les verges?

— Eh bien! dit Charles, si vous ne voulez pas que je sois le maître, je m'en irai, et je jouerai tout seul.

Le méchant enfant fut pris au mot par ses camarades, qui le chassèrent, et il alla bouder chez lui pendant le reste de la journée, tandis que ses petits amis jouèrent jusqu'au soir et s'amusèrent beaucoup : ce qui prouve que les méchants sont toujours moins heureux que les bons, et qu'on obtient toujours plus par la douceur que par la violence.

FEU.

Il est certain que les hommes ignorèrent longtemps ce que c'était que le Feu, ou du moins qu'ils ne connurent pas l'art de s'en servir, d'en avoir à volonté et de le transporter. On ne peut dire à quelle époque, certainement très-reculée, on en découvrit l'usage. Les habitants des îles Mariannes n'avaient encore aucune idée du feu, lorsque Magellan découvrit ces îles, en 1521, et leur surprise fut extrême quand ils en virent : ils le regardèrent d'abord comme une espèce d'animal terrible qui s'attachait au bois et s'en nourrissait.

Il est très-dangereux de jouer avec le feu, car lorsque la flamme atteint les vêtements d'une personne et surtout d'un enfant, elle cause presque toujours la mort, et une mort horrible, accompagnée des plus affreuses douleurs. C'est ainsi que mourut la jeune Adèle de Fargence. Un jour d'automne, ses frères ayant allumé un feu de joie dans un jardin, elle se mit à danser avec eux autour de la flamme brillante; mais, tout à coup, un tourbillon subtil s'attacha à sa robe, s'éleva en un clin d'œil au-dessus de sa tête, et avant que ses cris et ceux de ses frères effrayés eussent pu se faire entendre, elle expirait au milieu des plus épouvantables souffrances.

Enfants, ne jouez pas avec le feu.

GYMNASTIQUE.

La gymnastique est une des parties les plus importantes de l'éducation physique : elle développe les forces, donne de l'assurance, diminue les dangers que l'on peut courir dans le cours de la vie.

Voici un exemple des résultats que peuvent avoir les salutaires exercices du gymnase :

Le petit Georges Malvéon n'avait que onze ans lorsque, au milieu d'une nuit des plus sombres, il fut réveillé en sursaut par un bruit de vitres qui volaient en éclats, auquel vinrent bientôt se joindre les sifflements et les pétillements des flammes, et les cris sinistres : Au feu ! au feu !

Un incendie terrible avait éclaté au rez de chaussée de la maison Malvéon ; déjà les flammes avaient envahi l'escalier. M. et madame Malvéon avaient été sauvés ; mais on n'avait pu pénétrer jusqu'à la chambre de Georges; ce pauvre enfant en ouvrant sa fenêtre, que les flammes étaient près d'atteindre, aperçut son père et sa mère qui, le croyant perdu, se laissaient aller au plus affreux désespoir. Mais Georges, qui a profité des leçons du gymnase, ne s'effraie pas : — Une corde ! crie-t-il; qu'on me jette une corde !

Un pompier lui lance l'extrémité d'une corde ; Georges l'attache rapidement à la grille du balcon, puis il la saisit, et, s'élançant résolûment dans l'espace, il atteint le sol et va se jeter dans les bras de sa mère, aux applaudissements de la foule accourue pour secourir les incendiés.

HANNETONS.

Les hannetons naissent dans la terre sous la forme de vers blancs, qu'ils conservent pendant un temps qui dure de deux à quatre ans.

Tant que ces vers n'ont pas pris tout leur accroissement, ils sont d'une extrême voracité, et comme ils ne se nourrissent que de racines, ils causent parfois de grands dommages dans les campagnes.

Dès que ces vers ont atteint le terme de leur

croissance, ils cessent de manger, ils se construisent de petites loges souterraines, où ils s'endorment d'un sommeil léthargique, pendant lequel ils se métamorphosent et prennent les formes du hanneton.

Vers le mois d'avril, le hanneton sort de sa retraite : ses élytres bronzées s'ouvrent, ses ailes se déploient, et il s'élance dans les airs.

C'est la phase la plus brillante de sa vie ; mais elle ne dure guère au delà de huit jours, après lesquels les mâles meurent et les femelles rentrent dans la terre pour y déposer leurs œufs.

Pendant ces huit jours, le hanneton fait autant de ravages sur les arbres qu'il en a fait dans la terre sous la forme de ver ; par lui les arbres de toute une contrée sont parfois entièrement dépouillés de leurs feuilles et même de leur écorce.

IMAGES.

Tous les enfants aiment les images, et cela est tout naturel : quoi de plus séduisant que l'art de reproduire les traits de toutes les belles et bonnes choses qu'on désire? Aussi a-t-on coutume de donner des images aux enfants, pour les récompenser de leur sagesse.

Un jour que le petit Gustave montrait à ses jeunes amis les belles images qu'on lui avait données pour prix de sa docilité, des enfants très-pauvres vinrent à passer, et voyant ces jolies choses, ils se dirent tristement :

— Nous n'avons rien de semblable...

— Si vous n'en avez pas, leur dit Gustave, c'est sûrement que vous n'êtes pas obéissants et que vous n'apprenez pas vos leçons.

— Non, ce n'est pas cela, répondit l'un d'eux ; c'est que nos parents sont pauvres, et qu'ayant beaucoup de peine à acheter du pain, ils ne pourraient acheter de si belles gravures.

Gustave, se rappelant alors tout ce que sa maman lui avait dit touchant la charité et la nécessité de secourir les pauvres pour se rendre agréable à Dieu, réunit toutes ses images et les donna à ces petits malheureux, qui se les partagèrent avec la plus grande joie.

Le grand-papa de Gustave, qui avait tout vu et entendu, vint embrasser son petit-fils, et pour le récompenser de son bon cœur, il le conduisit chez un marchand de gravures, et acheta pour lui les plus belles qu'il put trouver.

Une bonne action trouve toujours sa récompense.

JARDINAGE.

Deux frères, Ernest et Jules, avaient obtenu de leur papa chacun un petit jardin et tous les outils nécessaires pour le cultiver eux-mêmes.

Ernest, qui était l'aîné, travaillait au sien avec ardeur; il employait la plus grande partie du temps de la récréation à bêcher, semer et planter; aussi ses arbustes, ses fleurs étaient-ils superbes et admirés de tout le monde, les allées de son petit domaine bien entretenues, et les mauvaises herbes arrachées sans pitié.

Jules, au contraire, passait tout son temps à brouetter du sable et de la terre d'un lieu à un autre, sans raison et seulement pour avoir le plaisir de pousser sa brouette; les orties et autres mauvaises herbes envahirent bientôt tout son jardin. Il s'en étonnait, puis à l'étonnement succéda la jalousie; il prétendit que le terrain d'Ernest était meilleur que le sien. Ernest alors lui offrit d'échanger leurs jardins, ce que Jules accepta avec empressement; mais trois mois après, le jardin qui avait été si bien fleuri devint aride, et celui qui avait été aride était devenu florissant.

— Mon ami, dit alors le père à son fils Jules, tu dois comprendre maintenant que tout s'embellit par le travail; sois laborieux comme ton frère, et ton jardin sera aussi beau que le sien.

Docile à cette leçon, Jules se mit au travail, et son petit domaine n'eut bientôt plus rien à envier à celui d'Ernest.

KERMESSE.

On appelle Kermesses, en Flandre, les fêtes patronales des villages. A ces fêtes se trouvent toujours un grand nombre de marchands de ces jouets, si chers aux enfants, que l'on fabrique à profusion en Allemagne, et particulièrement à Nuremberg.

Le petit Pierre ayant été conduit à une de ces fêtes par son parrain, ce dernier lui dit de choisir parmi tous les jouets qu'il dévorait des yeux ceux qui lui plairaient le mieux.

Pierre prit d'abord un tambour, puis un cerf-volant, puis un polichinelle, puis des quilles, un ballon, une voiture, des chevaux, des soldats. Le parrain achetait tout cela; mais il y en eut bientôt tant que petit Pierre en avait sa charge, et qu'il fut bientôt obligé d'en abandonner une partie sur le chemin.

— Tu vois, mon ami, lui dit son parrain, qu'il faut savoir se contenter de peu : si tu t'en étais tenu au polichinelle et au tambour, tu ne serais pas dans un si grand embarras, et avec l'argent que tu m'as fait dépenser inutilement, j'aurais pu rendre bien heureux quelques pauvres enfants, aux plaisirs desquels leurs parents ne peuvent rien sacrifier.

Petit Pierre comprit la leçon, et avec la permission de son parrain, il distribua aux pauvres enfants qui l'environnaient la plus grande partie de ses jouets.

Il faut savoir se contenter de peu.

LANTERNE MAGIQUE.

La lanterne magique a été inventée par le père Kircher, vers le milieu du dix-septième siècle. Voici de quoi elle se compose :

Dans une espèce de grande boîte, se trouvent disposés une lampe, un miroir concave en métal qui réfléchit vivement la lumière, et une lentille qui grossit les objets.

Diverses figures peintes en petit avec des couleurs transparentes, sur des morceaux de verre minces, sont introduites successivement derrière la lentille, et apparaissent sur une toile blanche tendue à une certaine distance, singulièrement agrandies.

Le petit Hector, qui était très-peureux, avait demandé à sa maman de lui faire voir la lanterne magique, la mère y consentit; mais dès que les lumières furent éteintes et que les figures se dessinèrent sur la toile blanche tendue au fond du salon, Hector se mit à pousser des cris d'effroi. Alors sa maman fit apporter des lumières, et tenant Hector par la main, elle le conduisit près de l'homme à la lanterne magique, et lui fit observer les pauvres images qui l'avaient tant effrayé.

La peur est chose honteuse; il faut s'accoutumer de bonne heure à regarder les choses de près, afin de ne pas se faire des fantômes de celles qui, au premier aspect, peuvent frapper l'imagination.

MÉNAGE.

Rien n'est plus gentil que ces jouets qui représentent un ménage entier : batterie de cuisine, vaisselle, ameublement, rien n'y manque. Cela peut et doit plaire aux jeunes enfants; mais il ne faut pas imiter le petit Bernard et sa sœur Henriette qui, sous le prétexte de jouer avec leur petit ménage et de faire la dînette, mangeaient du matin au soir et se faisaient servir par un cuisinier trop complaisant une foule de friandises qu'ils dévoraient.

Cela ne pouvait durer longtemps : Henriette, qui était la plus jeune, tomba malade la première, et sa vie fut longtemps en danger ; Bernard, à son tour, eut une indigestion qui lui causa les plus violentes douleurs, et à la suite de laquelle il fut pendant plus d'un mois sans pouvoir manger : un peu de bouillon, de lait et les drogues ordonnées par le médecin, étaient tout ce qu'on lui permettait de prendre.

La gourmandise est un péché capital ; les enfants ne doivent jamais oublier cette sage maxime : Il faut manger pour vivre, et non pas vivre pour manger. Il est tout naturel sans doute d'aimer certains aliments plus que certains autres ; mais il est toujours dangereux d'en prendre outre mesure. Celui qui mange sans faim est le bourreau de son propre corps.

NATATION.

La natation est un exercice des plus salutaires et un art des plus utiles, qui permet à celui qui le possède de braver de grands périls et de sauver parfois la vie de son semblable.

M. Dormont voulait avec raison que ses deux fils, Charles et Henri, apprissent à nager. Charles devint bientôt très-habile dans cet exercice; mais le petit Henri avait une telle peur de l'eau qu'il ne pouvait se résoudre à perdre pied dans la rivière.

Un jour que Charles se baignait en compagnie de quelques camarades, Henri, qui était resté sur le bord de l'eau, voulut cueillir un de ces beaux roseaux qui poussent sur les rives de quelques rivières; il se pencha pour l'atteindre et il parvint à le saisir; mais l'effort qu'il fit pour l'arracher l'entraîna, il tomba dans le fleuve en poussant un grand cri, et il disparut sous l'eau, très-profonde en cet endroit. Heureusement Charles l'entendit-il arrive en toute hâte, plonge hardiment dans le gouffre où son frère a disparu, saisit Henri par les cheveux et le ramène sur la rive où bientôt le pauvre enfant, qui était évanoui, reprend connaissance.

Cette leçon ne fut pas perdue; Henri parvint à vaincre sa timidité, et il ne tarda pa à devenir un nageur aussi habile que son frère.

JEU DE L'OIE.

Le jeu de l'oie est un des plus anciens jeux de hasard : on en attribue l'invention aux Grecs.

Il est certainement permis de se distraire parfois en jouant à ce jeu comme à beaucoup d'autres ; mais il ne faut pas oublier que les jeux de hasard sont les plus dangereux de tous : on y joue d'abord des épingles, des billes, des centimes, puis peu à peu on devient joueur effréné, ce qui est le plus dangereux de tous les vices.

On a vu des hommes si fortement atteints de la passion du jeu, qu'ils laissaient mourir de faim leurs femmes et leurs enfants, pour jouer tout l'argent qu'ils pouvaient se procurer, et vendre même jusqu'aux vêtements de ces infortunés pour en aller jouer le prix.

Arrivés à un certain âge, les joueurs sont tout à fait incorrigibles, et deviennent capables de tout, même de voler, pour satisfaire cette espèce de rage qui les tourmente sans cesse ; c'est l'amour du jeu qui a fait les plus grands scélérats.

Il faut être toujours modéré, et particulièrement ne jouer jamais d'argent ; car le hasard, dans ce cas, fait toujours un malheureux : ce sera vous, si vous perdez ; si vous gagnez, ce sera votre adversaire.

PATINEURS.

Il n'est pas d'exercice plus agréable en hiver que celui du patin ; mais il est en même temps un des plus dangereux, surtout sur les eaux profondes et sur les rivières où, en France, la glace n'est jamais très-épaisse.

Les Hollandais sont très-habiles à cet exercice ; on voit, dans leur pays, des femmes, la tête chargée d'un énorme pot au lait, faire dix ou douze lieues avec une rapidité prodigieuse, pour aller vendre leur denrée à la ville, et en revenir avec la même vitesse; mais il arrive parfois que la glace se rompt sous les pieds de ces trop imprudentes voyageuses, et alors rien ne peut les arracher à une mort affreuse.

On vit, un jour, disparaître ainsi sous la glace qui couvrait la pièce d'eau dite des Suisses, à Versailles, toute une famille composée des deux frères et de leurs quatre enfants. Tous patinaient, et cela alla bien tant qu'ils se tinrent éloignés les uns des autres; mais, ayant voulu se réunir, la glace, qui était peu épaisse, ne put supporter leur poids dans un petit espace. Un craquement effroyable se fit entendre; la glace s'ouvrit, et les six infortunés patineurs disparurent dans le gouffre. On essaya vainement de les secourir; tous étaient morts quand on parvint à les retirer de l'eau.

QUILLES

Le jeu des quilles est aussi vieux que le monde, et il est surtout amusant à cause de sa simplicité. Ce n'est pas un de ces jeux qu'il faut longtemps étudier pour y devenir fort; tout le monde peut lancer une boule de bois avec plus ou moins de force, et il n'en faut pas davantage pour abattre des quilles.

Les jeux de quilles dans les environs de Paris font cependant exception; les boules, qui ne pèsent pas moins de douze à quinze livres, ne peuvent être lancées que par des bras d'une vigueur peu ordinaire, comme sont ceux des rudes travailleurs de la campagne. Mais cela n'est pas encore comparable au jeu de quilles que le comte de Saxe avait fait construire pour son usage : la boule pesait cent cinquante livres, et chaque quille avait trois pieds de circonférence. Cela était peu pour le comte, dont la force physique était telle qu'il brisait un fer à cheval entre ses doigts aussi facilement qu'un autre aurait pu rompre une allumette; mais il ne trouvait pas beaucoup de gens capables de faire sa partie. Lorsque la boule lancée par le comte arrivait sur les quilles, elle faisait l'effet d'un boulet lancé contre des bastions et c'était précisément ce qui plaisait à cet homme, qui fut un des plus grands guerriers de son temps.

RONDES.

C'est spectacle charmant que celui d'une ronde d'enfants sur une pelouse, par un beau jour de printemps. C'est alors qu'on entend ces voix joyeuses répéter :

Ah! mon beau château!

ou bien :

Nous n'irons plus au bois, les lauriers sont coupés,

et tant d'autres qui, depuis plus de mille ans, font les délices de l'enfance.

Mais s'il est réjouissant de voir et d'entendre

ces jeunes enfants s'amuser ainsi, rien n'est plus détestable de voir, comme cela arrive souvent, ces jeux et ces chants troublés par quelque enfant maussade, grognon, qui veut que les autres se plient à ses caprices. Tel était le petit Julien. Tantôt il voulait qu'on interrompît une ronde pour en chanter une autre ; tantôt il se plaignait qu'on le fît tourner trop vite, ou bien il refusait d'entrer dans le rond quand son tour était venu de laisser danser les autres autour de lui.

Il en résulta que cet enfant fut bientôt détesté de tous ses camarades, et que ceux-ci refusèrent de l'admettre à leurs jeux.

C'est le sort réservé aux méchants d'être repoussés de tout le monde, tandis que les bons cœurs et les bons caractères sont aimés et recherchés.

Que l'exemple de Julien vous préserve de ces travers qui peuvent avoir plus tard de funestes résultats.

SOLDATS.

Les enfants, en France, aiment beaucoup à jouer au soldat : c'est que les soldats français sont véritablement les premiers soldats du monde, et que :

Aux âmes bien nées,
La valeur n'attend pas le nombre des années.

Mais il ne faut pas croire que, pour être bon soldat, il suffise d'être fort et d'avoir du courage : la première qualité d'un militaire, quelque soit son grade, c'est l'obéissance; car c'est en obéissant qu'on apprend à commander, et c'est autant par l'obéissance des soldats que par leur valeur que se gagnent les batailles.

Enfants de la France, soyez donc obéissants à vos parents, à vos maîtres, afin que, lorsque vous serez hommes, si vous êtes appelés à défendre la patrie, vous puissiez vous montrer dignes de vos pères qui ont fait flotter notre drapeau victorieux dans toutes les parties du monde.

En France, tout soldat peut devenir général, et l'on peut même dire que les meilleurs généraux sont ceux qui ont été soldats; aussi a-t-on coutume de dire que chaque soldat français a un bâton de maréchal dans sa giberne. Le bâton est dans sa giberne, il est vrai, et l'obéissance aide puissamment à l'en faire sortir.

Soyez donc soldats, enfants, mais ne vous battez pas pour savoir qui commandera.

TOUPIE

De toutes les toupies, celles d'Allemagne sont les plus renommées pour le bruit qu'elles font ; c'est qu'elles ronflent en effet d'une manière vraiment formidable : mais à cela se borne leur mérite ; car, si elles chantent bien haut, elles ne changent pas de place, tandis que les petites toupies ordinaires font en même temps peu de bruit et beaucoup de chemin.

Le petit Lucien de Fargueil avait une belle

toupie d'Allemagne, faite d'un bois précieux et ornée d'inscriptions en nacre ; mais il lui fallait les allées sablées d'un jardin pour la faire manœuvrer, tandis que le fils du serrurier voisin de M. de Fargueil faisait voler, sauter, ricocher sur la terre aussi bien que sur le pavé sa petite et coquette toupie de frêne, qui décrivait en sifflant toutes sortes de lignes fantastiques, ce que Lucien, du balcon de son père, admirait en soupirant.

— Veux-tu changer de toupie avec moi ? dit-il un jour au petit serrurier.

— Non, répondit ce dernier. La tienne est trop belle ; je n'oserais pas jouer avec, de peur de la gâter.

Il est donc bien vrai que tout ce qui reluit n'est pas or, et que souvent les objets les plus précieux en apparence ne valent pas les plus simples et les plus humbles.

UBERMANN.

Fils de pauvres laboureurs, le petit Ubermann, à peine âgé de dix ans, passait tout son temps aux champs, où il gardait les chèvres et les moutons. Il aurait pu passer toutes ses journées à jouer avec les enfants de sa condition ; pourvu que, le soir venu, il ramenât le troupeau au bercail, on ne lui en demandait pas davantage.

Mais Ubermann, à qui un berger plus âgé

que lui avait appris à lire, n'en voulut pas rester là : il se mit à étudier les astres et à construire, sans autre outil qu'un mauvais couteau, une foule de petites machines plus ou moins ingénieuses : c'étaient de petits bateaux dont il couvrait l'étang voisin et qui, à l'aide d'un mécanisme de son invention, suivaient telle ou telle direction ; puis des moulins à eau et à vent d'un genre tout à fait neuf, et que les personnes qui passaient près de lui ne pouvaient se lasser d'admirer.

Le hasard ayant un jour amené près d'Ubermann le curé de son village, le digne pasteur, surpris de la merveilleuse intelligence de cet enfant, alla prier ses parents de le lui confier. Ubermann, grâce au bon curé, fit d'excellentes études ; il se voua particulièrement aux mathématiques, et il ne tarda pas à se faire remarquer dans le monde savant.

Aujourd'hui, l'ex-petit berger Ubermann est un de nos plus célèbres ingénieurs.

LE VIOLON.

Le petit Armand ayant entendu de pauvres petits violonistes qui, pour gagner leur vie, jouaient de leurs instruments sur les places publiques, avait été si charmé de leur talent que depuis lors il ne rêvait que violon.

— Je veux un violon, disait-il à ses parents; donnez-moi un violon, et je ne vous demanderai plus jamais d'autres jouets.

— Mais, lui dit son père, il ne suffit pas d'avoir un violon pour en savoir jouer.

— Oh! répondit Armand, il n'est pas difficile d'en jouer; j'ai bien vu comment faisaient ces petits musiciens : ils frottaient l'archet sur les cordes, et sur l'extrémité de ces cordes, ils posaient les doigts et les remuaient sans cesse : j'en ferai certainement bien autant.

Le père, ne pouvant faire entendre raison à ce petit entêté, lui acheta un violon, et aussitôt Armand se mit à racler les cordes ; mais, au lieu de ces accords charmants que produisaient les petits musiciens, il n'obtint que des sons criards capables d'écorcher les oreilles d'un sourd.

— Tu le vois, mon enfant, lui dit alors son père, on n'acquiert rien que par l'étude. Les petits musiciens ont longtemps étudié avant de produire sur leurs instruments les sons qui t'ont fait tant de plaisir. Étudie à ton tour, et tu seras comme eux.

Armand comprit la leçon, il se soumit, il étudia, et il devint bon musicien.

WURTEMBERG.

Le Wurtemberg est une des parties de l'Allemagne où il se fabrique le plus de jouets d'enfants. La petite Frédérique, fille d'un pauvre ouvrier en jouets de la vallée d'Elwangen, était souvent chargée de porter à la ville d'Ulm, distante d'une lieue de sa demeure, les jouets fabriqués et d'en rapporter l'argent. Un jour qu'elle revenait au logis après avoir fait sa commission, des voleurs, qui s'étaient postés sur son chemin, vinrent à elle et lui ordonnèrent de leur remettre l'argent qu'elle avait reçu.

— Cet argent ne vous appartient pas, répondit résolûment la petite fille, et d'ailleurs j'en ai fort peu ; car vous voyez que je rapporte une partie des jouets que j'espérais vendre.

— C'est égal, dirent les brigands, il faut nous donner tout ce que tu as.

Frédérique fit alors semblant de se soumettre ; mais, au lieu de prendre l'argent qui était dans sa poche, elle en tira un sifflet qu'elle porta à ses lèvres, et qui fit aussitôt ertentir tous les échos.

Les voleurs, pensant que c'était un signal convenu pour appeler du secours, furent s effrayés, qu'ils prirent la fuite à toutes jambes, laissant la courageuse enfant maîtresse du champ de bataille.

Il ne faut jamais se laisser intimider par les méchants ; car presque toujours les méchants sont lâches.

XAVIER.

Le petit Xavier s'était rendu insupportable à tout le monde par la mauvaise habitude qu'il avait de toucher à tout ce qui se trouvait à sa portée; aussi l'avait-on surnommé *Monsieur touche à tout ;* mais cela n'était pas suffisant pour le corriger.

Un jour que cet enfant désobéissant se trouvait seul dans l'appartement de son grand-papa, l'envie lui prit de s'affubler des habits de ce bon vieillard. Le voilà donc s'engouffrant dans un énorme paletot qui traine sur ses talons, se coiffant d'un chapeau qui lui tombe jusqu'au menton ; et, s'armant de la grande canne à pomme d'argent, il se dispose à descendre au salon où, dans cet équipage, il espère faire peur à tout le monde.

Mais le malheureux enfant n'avait pas songé que, obligé de marcher à tâtons, à cause du chapeau qui lui couvrait les yeux, il courait risque de se casser le cou dans l'escalier. Ce fut en effet ce qui arriva : dès la seconde marche, ses pieds s'étant embarrassés dans le long et lourd paletot, il perdit l'équilibre et tomba du haut en bas. On le releva évanoui, et plus de six mois s'écoulèrent avant qu'il fût complétement remis de cette épouvantable chute.

Regardez tout et ne touchez à rien, à moins qu'on ne vous en ait donné la permission.

YPACIA.

Jouer à la poupée est certainement une récréation fort innocente, mais il ne faut pas donner à ce jeu plus d'importance qu'il n'en comporte. C'est ce que ne comprit pas la petite Ypacia qui, entourée d'une foule de poupées, prenait au sérieux sa prétendue position de mère de famille, et obligeait sa jeune sœur à bercer ses enfants de carton, qu'elle habillait des plus riches étoffes.

Afin de la corriger de ce travers, sa mère un jour l'emmena avec elle pour visiter les plus pauvres habitants des faubourgs, où tant de pauvres enfants, à peine vêtus, n'ont pas toujours assez de pain pour satisfaire leur appétit.

Ypacia, qui était douée d'un bon cœur, pleurait à la vue de tant de misère.

— Ma chère enfant, lui dit sa mère, que sont tes poupées en comparaison de ces pauvres petits qui souffrent?

— Oh! maman, répondit la jeune fille en sanglotant, plus de poupées; je veux donner tout ce dont je puis disposer à ces pauvres enfants, tout, et les poupées elles-mêmes, afin qu'ils jouent à leur tour, eux qui souffraient tant tandis que je jouais.

— Merci, ma chère fille, dit la mère en l'embrassant; te voilà raisonnable, et c'est par une bonne action que tu commences à le prouver.

ZOZO.

Zozo était un petit garçon tellement gourmand, qu'il semblait que toutes les friandises du monde entier n'eussent pu le satisfaire ; on le voyait se gorgeant continuellement de gâteaux, de bonbons et de confitures dont son visage était barbouillé d'une oreille à l'autre.

Sa maman essayait parfois de lui faire entendre raison ; mais Zozo ne voulait rien entendre, et il ne cessait de répéter :

— Je veux des confitures.

Le malheureux enfant ne savait pas que les confitures, si douces au goût, sont parfois terribles à la santé, quand on en fait abus. Il en fit bientôt la triste expérience : il perdit l'appétit, devint sombre ; rien ne lui plaisait. Le médecin appelé pour lui donner des soins le condamna à la diète la plus absolue, et à toutes les confitures dont il s'était gorgé, succédèrent les médecines noires, amères, nauséabondes, qu'il lui fallut avaler sous peine de mort.

Zozo guérit enfin ; mais il eut dès lors horreur des confitures qu'il avait tant aimées, et il fut ainsi privé d'un plaisir pour en avoir usé sans modération.

LA MORALE DE L'ENFANCE.

AMOUR FILIAL.

Il faut que tout enfant soit convaincu qu'il doit tout à ses parents, qu'il n'existe, qu'il n'est rien que par eux, et qu'ainsi il leur doit amitié, reconnaissance, soumission et respect.

Qu'il sache donc honorer son père et sa mère dans toute la sincérité de son cœur; éviter avec soin de leur causer des peines ou des inquiétudes; se hâter de leur apporter les secours que leur position exige, et enfin ne rien négliger pour adoucir leur sort: quoi qu'il fasse, jamais il ne s'acquittera qu'imparfaitement. L'enfant doit toujours aborder ses parents avec toutes les démonstrations de la bonté, de la politesse, leur parler avec la douceur et la soumission les plus grandes et avoir toujours pour eux les attentions les plus délicates.

C'est faire son propre bonheur que de contribuer à celui des membres qui composent sa famille.

Qui ramasse avec respect le bâton de son père, ne battra pas son chien ; qui est bon fils, sera bon époux, bon père, bon ami, bon voisin et bon citoyen ; tout le monde sera disposé à lui rendre service : il ne sera jamais abandonné.

Mais malheur à l'enfant qui ne craint pas de manquer de respect à ses parents, qui semble même prendre plaisir à les affliger, et qui, semblable au tigre, a l'air de se faire une cruelle joie de déchirer la main qui lui donne à manger ! Il sera un objet d'exécration et d'horreur aux yeux de tous. La haine, le mépris et le délaissement seront sa récompense ; son sort sera celui qui est réservé aux ingrats et aux traîtres : il souffrira.

AMOUR FRATERNEL.

Les frères doivent se porter la plus cordiale amitié, parce qu'il doit résulter le plus grand bien de leur union. Les frères bien unis prospèrent toujours. Au contraire, les frères désunis sont presque partout délaissés et méprisés par ceux qui les connaissent. Les frères désunis sont maudits de Dieu.

LE TRAVAIL.

Pour que la société vive, il faut beaucoup de travail ; mais quand bien même l'on ne serait pas obligé de travailler pour gagner de quoi vivre, il faudrait encore s'occuper pour ne pas s'ennuyer. Après le travail, on éprouve un plaisir que ne connaissent ni le paresseux ni l'indolent : c'est le plaisir du repos après la fatigue.

L'homme oisif est toujours vicieux et malheureux ; l'homme occupé est toujours de bonne conduite et heureux.

LE PLAISIR.

Quelques plaisirs de temps en temps maintiennent et favorisent la santé du corps et rafraîchissent l'esprit ; mais l'excès amène le dégoût et devient bientôt une souffrance. Ceux qui n'ont d'autres occupations que de goûter des plaisirs n'en goûtent jamais.

LA PROPRETÉ.

La propreté nous rend agréables aux autres et

nous fait nous-mêmes bien aises; elle rafrîchit le corps et porte l'allégresse dans l'esprit.

La propreté est peut-être la plus petite des vertus, mais elle est la plus nécessaire. La saleté, au contraire, est aussi préjudiciable que la paresse, qui est la mère de tous les vices.

LES VICES.

Si nous avions l'idée du vice selon sa difformité naturelle, nous ne pourrions en souffrir l'image.

Il est reconnu que le premier pas dans le vice mène insensiblement au crime.

—

Le mensonge est une chose odieuse, avilissante et malhonnête. Quiconque est capable de mentir est indigne d'être compté au nombre des hommes.

—

Ceux qui commettent une injustice seraient les premiers à la détester s'ils en souffraient.

L'ingratitude est un vice contre nature ; les animaux mêmes sont reconnaissants.

La meilleure manière de se venger d'une injure, c'est de ne pas imiter celui qui vous l'a faite.

Tout pour lui, rien pour les autres, voilà le code de l'égoïste, et il n'en est point de mieux observé.

La curiosité est le défaut des enfants qui ne savent rien et des sots qui s'occupent des sottises des autres.

La colère est un des principaux obstacles à la tranquillité de la vie et à la santé du corps.

Le véritable bien ne se trouve que dans le repos de la conscience.

PENSÉES ET CONSEILS.

Le travail est un trésor.

Plus fait douceur que violence. A qui mal veut, mal arrive.

Bonne renommée vaut mieux que ceinture dorée.

La plus noble vengeance c'est le pardon.

Contre mauvaise fortune bon cœur.

Le devoir avant tout, et le plaisir après.

Le vrai seul est aimable.

Préférons l'utile à l'agréable.

Il faut savoir se tenir où l'on est bien.

Un métier vaut un fonds de terre.

A quelque chose malheur est bon.

Économie vaut richesse.

Si vous avez beaucoup, donnez beaucoup ; si vous avez peu, donnez de bon cœur.

Si tu veux qu'on t'épargne, épargne aussi les autres.

Ne remets pas à demain le bien que tu peux faire aujourd'hui.

Le meilleur moyen de se défaire d'un ennemi, c'est d'en faire un ami.

Qui n'a pas voulu quand il a pu, ne pourra plus quand il voudra.

Il ne faut jamais vendre la peau de l'ours qu'on ne l'ait mis par terre.

Si votre ennemi a faim, donnez-lui à manger; s'il a soif, donnez-lui à boire.

On voit une paille dans l'œil de son voisin, et l'on ne voit pas une poutre dans le sien.

Il n'y a rien de si secret qui ne se découvre, ni rien de si caché qui ne doive être connu et devenir public.

Celui qui a perdu la confiance, ne peut rien perdre de plus.

Attendez au soir à dire que le jour a été beau, et à la mort pour bien juger de la vie.

Quiconque à vingt ans ne sait rien, ne travaille pas à trente, n'a rien acquis à quarante, ne saura, ne fera et n'aura jamais rien.

FIN.

Paris. — Imprimerie Walder, rue Bonaparte.

www.ingramcontent.com/pod-product-compliance
Lightning Source LLC
Chambersburg PA
CBHW070243100426
42743CB00011B/2115